그 사랑 노래가 되어

그 사랑 노래가 되어

2025년 10월 31일 초판 1쇄 인쇄 발행

지은이   손정원
펴낸이   박종래
펴낸곳   도서출판 명성서림

등록번호   301-2014-013
주소   04625 서울시 중구 필동로 6 (2, 3층)
대표전화   02)2277-2800
팩스   02)2277-8945
이메일   msprint8944@naver.com

값 15,000원
ISBN 979-11-7439-053-0

본 책의 구성 및 맞춤법, 띄어쓰기는 작가의 의도에 따랐습니다.
이 책의 저작권은 저자와 도서출판 명성서림에 있습니다. 무단 전재 및 복제를 금합니다.
이 책 내용의 일부 또는 전부를 재사용하려면 반드시 저자와 도서출판 명성서림의 동의를 얻어야 합니다.
파본은 구입처에서 바꾸어 드립니다.

그 사랑 노래가 되어

손정원 시집

도서출판 명성서림

시인의 말

바람이 잎을 건드린다
한들한들 흔들리는 몸짓에 마음이 정화된다
찌뿌둥했던 더위가 끈적끈적하게 머리를 어지럽히고

숨쉬기조차 버거울 만큼
하루하루 견디기 힘든 나날이었는데
소나기 한바탕 소란피우며 지나가더니

파란 하늘이 찾아와 선선한 바람을 데려다 놓고 간다
부드러운 입맞춤이 좋았는지 살짝 윙크하며
꽃들은 다시 피어나고 미소를 발산한다

배경을 담고 시를 표현하고 싶었다.
그래서 시에 담긴 풍경을 찾으러
여기저기 다니며 사진을 찍기도 하며
때론 사진 속에서 시를 꺼내오기도 했었다.

그러다 어느 날 문득 마음을 울리는 흥얼거림이
자연스럽게 흘러나와 피아노 건반을 두드렸다.
그리고 작곡이란 걸 알게 되고 노래가 만들어진다.
흥미로운 일이 아닐 수 없다.

이번 제2집의 시에서는 가을에 느껴지는 감정들이
나의 노래가 되어 사진 배경 속에 숨 쉬고 있음을 표현하였다.

1

장미 정원에서

다짐	12
생동	14
희망	16
땅은	18
시샘	20
화창한 날에	22
봄눈	24
봄볕	26
옥상에서	28
장미 정원에서	30
바람 때문에	32
아름다운 것은	35
만남	36
매혹의 그녀	38
사모	40
몹쓸 바람	42
원피스	44
오월의 여왕 장미	46

2

갯바위 사랑

갯바위 사랑	50
그리움	53
구름이 되어	54
꽃과 여인	56
그늘이 돼 주실 건가요	58
근심	61
더위 1	62
더위 2	64
내 마음을 아실 이	66
두물머리의 물안개	68
비야	70
소나기 내려앉은 자리	73
파도	74
천둥	77
폭염	78
이별이 두려운 까닭에	80
태풍이 머물다간 자리	82
그 한 사람	84

3

그 사랑 후회하면서

구월의 손님	88
가을이 오는 길목	90
그대 그리워	92
갈대숲	94
길가에 핀 코스모스	95
기다림	96
가을은	98
억새 숲 사이로	100
연서	102
한 여름 밤의 꿈	104
단풍	107
추억	108
늦깎이 사랑	110
그 사랑 후회하면서	112
아지트 일 호, 이 호, 삼 호	114
늪	116
낙엽	117
짙어가는 가을날	118

4

아쉬움의 시간

구름 나그네	122
사랑인 줄 몰랐습니다	124
로맨틱한 날	127
겨울에 내린 눈	128
아쉬움의 시간	130
아프기 전에	132
여인의 눈물	134
이별이란 슬프지만	136
용서	138
황혼	140
마지막 하루	142
참회	144
십이월이 갔다	147
함정	148
해피콜	150
웃자	153
송년	154
잡을 수 없는 너	156

5

사랑이란

내 맘 알아 주지 그랬어 158
꿈속으로만 160
마네킹 여인 162
균菌 165
다친다 166
두루마리 화장지 168
빙글빙글 171
돈 돈 돈 172
사랑이란 174
예고 없는 이별 176
어른아이 178
세월 180
술주정 183
역사는 184
작곡 186
통증 188
인생은 나그네 190
얄미운 사람 192

장미 정원에서

다짐

새해가 밝았다
희망찬 새해다
가슴 벅차다

오늘부터 어떠한 과제들이
나의 하루하루를
메꿔 줄 건지 기대가 된다

묵은 때를 벗겨내듯
찜찜했던 감정들
흐르는 물에 씻어 내리고

어제까지 풀지 못한
숙제가 있었다면 몽땅
제로로 만들자

비워진 유리잔에는
맑고 투명한 알갱이들로만
가득 채우자

나의 희망 나의 소망을 담아서
솟아오르는 태양과
새끼손가락 걸며 다짐한다.

사진작가 : 손정원

생동

새벽이 가지고 온
햇살 아래
볼품없는
몽땅 난초

한 줄기 난잎이
산들바람에
흔들리고 있다

테라스 귀퉁이엔
어린 작약이
봉오리를 틔우기 위해
새순을 연신
발길질 해댄다

밤늦도록 내린
소슬비는
들을 적시고
밤을 적시고
아침에 깨어났다

아직도
고된 잠에서
꿈을 꾸는 나는
어서 일어나
동녘 햇살을 맞으리라.

사진작가: 손정원

희망

늘 우울했던 하루
창문에 기대어 우는
비처럼
흐느적거리며

허공을 떠다니는
길 잃은 나그네처럼
마음 둘 곳을 잃었는데

봄비가 내리던 어느 날
붉은 장미 한 송이를 들고
내 곁으로 다가온 당신

어둡고 긴 터널을
빠져나올 수 있게
밝은 빛을 비추어
끈이 되어준 사람

물살이 거센 강물도
돌다리를 놓아

한 발, 한 발 내디디며
일어설 수 있도록
안전한 보디가드가
되어준 사람

당신을 만나
꿈이 다시 찾아오고
행복이 스며들어 기쁨이
두 배가 되었습니다

저 멀리 달아났던 소망도
당신으로 인해
핑크빛 사랑으로
피어났습니다

이제 난,
그 사랑 꽃으로
이 세상 누구보다도
가장 행복합니다.

사진작가: 손정원

땅은

땅은

"너를 지켜보고 있다"
고

"네가 와서 잘 가꿔 주길 바란다"
고

나에게 말한다.

사진작가: 손정원

시샘

어쩐지 바람이
분다 했다
어쩐지 바람이
차다 했다

봄인데도
봄 같지 않게
찬 겨울이
시샘이라도 하려는 듯

꽃망울 터트리는
시간을 움켜쥐고
심술부리나 보다

바람이
회오리 몰고 온
하늘에선
하얀 가루가
춤을 추듯 흩날린다

휘리릭 휘리릭 봄눈이 내린다.

사진작가: 손정원

화창한 날에

너에게도 들리니
산골짜기 돌 틈 사이로
돌돌 돌 흐르는 물소리

세상에서 가장 맑고
깨끗한 저 소리가
나를 위해 연주하는
소리로 들리네

너에게도 들리니
숲속 사이에서 들려오는
저 새들의 노랫소리

세상에서 가장
아름답고 청아한 목소리로
나를 위해 노래하는
소리로 들리네

아지랑이가 기지개를 켜
가물가물

봄이 오는 소리는
깊이 잠들어 있던 나를
이른 아침부터
깨우는 소리

커튼을 비집고
방긋 웃는 듯
고개 내민 아침 햇살이

올봄엔
즐겁고 화사한 날들만
선물한다고 알려주네.

사진작가: 손정원

봄 눈

하늘에서 내려옵니다
꽃이 옵니다
사락사락 옵니다.

매화가 옵니다
벚꽃도 옵니다
활짝 피어 옵니다.

사진작가: 손정원

봄볕

유리창에 비친
상큼한 햇살이
따사로움 가득

산뜻한 봄바람에
코끝을 자극하고

들에 핀 노란
민들레꽃 향기
수줍은 듯 쏙쏙
땅속을 헤집고

파릇파릇 돋아있는
쑥 내음 풍기며

겨울잠에 빠진
나를 깨운다.

사진작가: 손정원

옥상에서

옥상에서면 산이 다가선다

산에서 풍겨 나오는
숲 내음 속에서
시를 줍기도 하고

화단에 피어난
꽃들 사이에서
시를 따기도 한다

파란 하늘 흘러가는
솜 구름 속에서
시를 찾아내기도 하고

재잘거리는
새들 노랫소리로
나의 노래도 만든다

옥상에는
만 가지 시들이
곳곳에 숨어 있음이

난 오늘도 행복하다.

사진작가: 손정원

장미 정원에서

벌과 나비가 분주히 향을 날리는
오월의 푸른 정원에서
당신이 바라본 꽃은

매혹적인 입술을 가진
그녀를 사랑하나요?

삭막한 세상, 외로운 가슴에
행복한 미소를 가져다주는 장미
사랑하세요
입맞춤도 하세요

허나, 한갓 욕심으로
꺾지는 마세요
앙칼진 가시에 찔리면
금방 싫증을 느끼니까요

그 꽃잎 시들하면
버려지고 외면할 테니

로맨스를 꿈꾸는 마음이라면
그저, 먼발치에서
바라보며 지켜 주세요

그대 가슴에 안긴
꽃이 될 테니까요.

사진작가: 손정원

바람 때문에

나무가 흔들린다
숲이 흔들린다

기둥이 흔들리고
숟가락이 흔들린다

애써 가꾸어 논
꽃밭이 흔들리고
마음이 흔들린다

그래서 모두 날아간다.

사진작가: 손정원

사진작가: 손정원

아름다운 것은

하늘엔 구름이
있어야 하고

사람은 사랑이
있어야 하며

비 갠 하늘은
무지개가 있어야 한다.

만남

가끔 힘이 들 때
지나간 추억을
떠 올리면

괜스레
입가에 미소가
번집니다

사랑한다는 것
이렇게 즐겁고
아름다운 것인 줄

예전엔 미처 몰랐습니다.

잃어버린 보석을
찾은 것 같이

새로운 희망과
용기를 얻는 것도

내 삶의 꽃이 되고
기쁨이 되는 당신

이제
당신을 만났으니
난 몹시 행복합니다.

사진작가: 손정원

매혹의 그녀

그녀의 두툼한 아랫입술
핑크빛 환상은
부드러운 향기를 뿜어내고
많은 시선을 사로잡는
매력의 여신

고운 선을 따라가면
성숙한 여인의 몸매
S 라인도 흘러내리고
꽃잎엔 가녀린
수줍음이 고여있다

필 듯 말 듯한 봉오리
깊이 더 깊이
감추어진 순정은

보일 듯 말 듯
부끄러운
여인의 속살을 닮아

수벌의 코끝을
설레게 하고
애끓는 사랑으로
줄다리기하지만

꺾어진 장미 가시는
독을 품고 있다.

사진작가: 손정원

사모

한 걸음 한 걸음
다가오시는
그대 발걸음 소리
나의 가슴은 설레고
기다려집니다

가슴 저미도록
당신이 보고 싶고
흐르는 시간이 안타까워
붙잡고 싶은 이 마음

나도 모르게 살짝쿵
사모하고 있었나 봅니다

어느 날 갑자기
그대 모습 보이지 않으면
글썽이는 눈물방울

비가 되어
들을 적시고 대지를 적시고
내 가슴을 적십니다.

사진작가: 손정원

몹쓸 바람

바람 불어와 꽃은 피는데
아직 열매는
영글지 못하고 있다

아, 아! 애달프구나
몹쓸 바람

괜스레
마음만 흔들다
가버린 너

얄궂다.

사진작가: 손정원

원피스

원피스를 샀다
예쁘다

하얀 꽃무늬가 그려진
노란색 원피스

입어보았다

하늘하늘 봄이 열렸다
나비가 날아올 것만 같다

따스한 햇살 아래
나의 행복이 찾아왔다.

사진작가: 손정원

오월의 여왕 장미

오월은 물들었다
그대 향기에

오월은 묻는다
그대 미소에

오월은 유혹한다
그대의 모습으로

발길이 머문다
실룩이는 더듬이를
데리고 온 나비

하늘하늘 불어오는
바람결에
오월의 꽃향기 전하는구나.

사진작가: 손정원

갯바위 사랑

갯바위 사랑

파도는 갯바위에 부딪히며
무에 그리 신나는지
함성을 지르며 춤을 춘다

넘실넘실 흥에 겨워
어깨동무 무리들과
떼 지어 몰려와선
가만히 앉아 있는
바위들을 툭, 툭 치고는
저만치 달아난다

밤이 되면 고요한 어둠을 깨우고
잔잔한 바닷가 파도 소리에
가슴 깊이 묻어둔 사랑하나 꺼내어
목 놓아 불러본다

보고 싶어 그리워서 기다려지는
갈기갈기 찢겨 어질러진 내 마음

갯바위의 순수한 사랑을
파도는 아는지 모르는지
아침이면 저 멀리 줄달음친다.

사진작가: 손정원

사진작가: 손정원

그리움

불러도 대답 없는 이름이여
그려진 너의 모습을 붙잡고
마주 보지만 영상만 아른거린다

마음은 언제나 부풀어 올라
너의 손을 잡고
푸른 초원에서 뛰어놀았다

금방이라도 손에 잡힐 듯한
구름을 쫓아 뛰어다니면
그곳엔 그리움만 남길 뿐.

구름이 되어

흘러가는 구름 속에 나를 싣고서
그대 가는 곳이라면
나도 따라가고 싶어

가다가 산허리에 잠시 머물면
삼삼한 말벗이 되었다가
다소곳이 잠들고

눈 부신 태양이 아침을 노크하면
상큼한 입맞춤의 하루를 여는
그대의 창이 되고 싶어

그대 향한 내 마음 이토록 간절한데
바람처럼 떠다니는 저 구름은

새벽안개 뒤에 숨은 먹구름인가
희뿌연 창가에 기대앉아
슬피 우는 비구름인가

오늘도 소식 한 장 없는 그대를 기다립니다.

사진작가: 손정원

꽃과 여인

봉긋 솟아오른
꽃봉오리
청순한 소녀 가슴
설레게 하고

화사하게 피어난
그 미소는
성숙한 여인의
섹시함을 닮아

많은 시선을 사로잡는다

은은히 풍겨나는
향기에 취해
눈부신 아름다움
이대로 멈춰

영원함을 바랬을지도 모른다

바람에 날리어
꽃잎 떨어지고 말면
흉한 자국
어루만져 위로해 줄이 없고

시들어 졌다고
쳐다보길 꺼려하는
간사한 마음들

어쩌면 꽃은
여인의 모습과 닮아있다.

사진작가: 손정원

그늘이 돼 주실 건가요

삶에 지쳐
쉴 곳을 찾아 방황할 때
우연히 나의 곁으로
다가선 그림자 하나

당신은
누구를 기다리나요
낯선 이의 발걸음이
닿지 않는 길목에 서서

행여, 내가 그대에게
가까이 오기만을
기다린 건 아닌지요

마음 갈 곳을 잃어버려
지친 나에게

편히 쉴 수 있는 아늑한
그늘이 되어주실 건가요

당신 곁에서
행복을 느낄 수만 있다면
그 그늘 밑에 피어난
작은 풀꽃이 되어도 좋습니다.

사진작가: 손정원

사진작가: 손정원

근심

수양버들 긴 머릿결이
솔바람에 나부대고

따갑게 노려보는 듯한
땡볕에도 아랑곳없이
태연히 누워있는 그림자

간지럼을 타는 걸까
꼬무적 꼬무적 요동치며
그림자도 따라 춤을춘다

내 마음에 담긴 근심
그와 같이 나누어지면
한결 가벼우련만

그래 흔들자
쏟아지도록 저렇게 흔들며 살자.

더위 1

움직이는 그림자 사이
하늘거리는
이파리들이 흥겹다

폭염 속에서도
여유롭다

우뚝 선 떡갈나무 잎처럼
여유를 갖고

시원한 바람을
맞고 싶다.

사진작가: 손정원

더위 2

갈까 말까 망설이는
여름의 끝자락

후덥지근한 매미 소리
시끄러워
비바람이 세게
후려갈긴다

얼마나 아팠던 걸까

펑펑 소리 내어 울며
몇 날 며칠
밤을 새우더니
토라져 버렸나

돌아볼 새도 없이
저만큼 달아나 버렸다

어둑해진 골목길로
풀벌레가 가을을 데려온다.

사진작가: 손정원

내 마음을 아실 이

천년을 한결같이
기다리던 그리움으로
꿈에서나 만날듯한 그대 모습
꼬집어 아픔을 느끼는
현실 속에 살아있는 영혼이여

세월 따라 흘러가는 인생살이
간절히 애원하며 바라던 소망 하나
내 마음을 아실 이

절망 끝에 체념하며 잊고 살았는데
꿈인 듯 아련히 나타난 정다운이여

조심스레 다가온 그대의 손길
외로움에 떨고 있는 사연들
서로의 아픈 상처 어루만지듯
위안 속에 영혼이 되고 파라.

사진작가: 손정원

두물머리의 물안개

어둠을 뚫고
새벽을 달리고 달려서 찾아온
두물머리의 물안개

얼마를 기다렸을까
오랜 기다림의
시간이었나

부픈 가슴을 안고
처음 만나는
그대의 모습은

뿌연 안개 속
베일에 가리어져
조금씩, 조금씩
나의 시야에 들어오고

늦가을의 이른 아침
저 푸른 강물 위로
하얗게 가물가물 피어오른다

하얀 미소 머금은
그대의 모습
태어나서 처음으로
맞이하는 신비의 세계
황홀함 그 자체

잠시 머물러
속삭이는가 싶더니

동산의 밝은 빛은
우리의 만남을
시샘이나 하는 듯

차가운 강바람에 밀려
바람 따라 구름 따라
어디로 가는가

홀로 남겨진 조각배에
그대 뒷모습만 보이고
나의 빈 손짓은 여운이 맴돌고.

사진작가: 손정원

비야

얼마 만에 오는 비인지
시원하게 내려라 비야

기다림에 지쳐
쓰러지는 줄 알았는데
대지 위를 촉촉이 감싸주니
타는 목젖이 주름을 편다

빨강, 노랑, 파랑의
무지개 우산들도 신이 나는지
총총걸음으로
거리에 쏟아져 나오고

풀 죽은 꽃잎들도
목축여 방실방실 거린다

후덥지근한 내 마음도
말끔히 씻겨 나가길.

사진작가: 손정원

사진작가: 손정원

소나기 내려앉은 자리

퍼부어대는 소나기에
삼복더위는
저만치 가 버리고

목 놓아 울던 매미
번개 불에 놀라고
천둥소리에 놀라 달아났다

어느새 먹구름 걷히고
맑은 햇살 내려왔어도
매미는 행방불명이네

소나기 지나가고
소슬바람 불어오니

가을은
귀뚜라미를 데려와
밤새워 울어댄다.

파도

바윗돌을 쓰다듬으며
신이 났다
넘실넘실 흥에 겨워 동무들과
무리 지어 몰려왔다

가만히 앉아 있는 바윗돌을
툭, 툭 치기도 하고
어루만지기도 하고
위로하기도 한다

춤추던 파도는
해를 따라갔다가
해를 따라왔다가
수평선으로 가 버렸다.

사진작가: 손정원

사진작가: 손정원

천둥

거센 물살이 바다를 삼킨다
나무가 뒤틀리고
육지가 흔들린다

사방에서 몰려든 구름 떼들
씨름 한판이라도 하는 건지
부딪히는 기합 소리 요란하다

모래가 날아가고
양동이가 놀라자빠진다
하늘이 노했나 보다

싸대기 몇 대 얻어맞았는지
눈가엔 불이 번쩍번쩍
이내 눈물방울이 마구 쏟아진다

제발, 아무 일 일어나지 않기를.

폭염

넌 어찌하여 하루도
지치지 않는 얼굴로
아침에 깨어나
해 질 때까지

뜨거운 바람만
주입 시키며
사람들을 괴롭히니

헉헉대며 기어가는
모습들
바라보는 넌

심술궂은 놀부처럼
깔깔대며
반가운
빗소리마저도
싱겁게 빼앗아 가 버리고

해변가에 기대앉아
꾸벅꾸벅 졸린대도
뜨거운 눈빛으로
쪼아대는구나

지칠 때도 된 것 같은데
이제 그만하렴.

사진작가: 손정원

이별이 두려운 까닭에

부질없는 짓인 줄 알지만
당신을 사모합니다

금세, 떠나버릴
당신인 줄 알지만
당신을 사랑합니다

잃어버린 사랑을 깨우고
얼어버렸던 감정들을 데려오고
나의 온몸을
후끈 달아오르게 합니다

당신을 그리워합니다
언제나 떠오릅니다
항상 함께 있습니다
그대는 내 가슴에 삽니다

그러나 언젠가는
잊혀져 가는 사랑이 되겠지요

이별이 두려운 까닭인지
아직 시작도 하지 않았는데
먼저 겁을 먹고 망설이는 건

또다시 나타난 외로운 사랑
붙잡고 싶음에서입니다.

사진작가: 손정원

태풍이 머물다간 자리

맑고 청명한 하늘
며칠째 내린 비 따라갔나
코스모스 향기 그윽한 길

꽃내음 향기롭게 풍기며
마지못해 웃는 너
태풍이 할퀴고 간 자리에
상처 입은 코스모스

잔해 사이에서 다시 일어나려
애쓰는 코스모스

벌과 나비들은 변함없이
위로하지만
코스모스는 지쳤을까

들판에 널브러져 애잔한 모습
따사로운 손길 와 닿으면
화사한 미소 잃지 않고 일어서겠지.

사진작가: 손정원

그 한 사람

세월이 흐른 뒤 우리 앞에
이별이 다가온다 해도
이것만은 잊지 말아 달라는
그 한 사람이 있었습니다

진한 향기로 다가와 오래도록
그 향기에 취해 벗어나지 못하게 하는
한 사람이 있었습니다

꽃과 나무와 향기가 나는
작은 숲속에서
성냥개비로 쌓아 올린
모닥불을 피워놓고
불꽃이 꺼질 쌔라
주위의 성냥을 모두 태우며
마주 보고 웃던 그 사람

어느새 모닥불은
잿더미가 되어버리고
어두운 방 안에서
우리는 사랑을 속삭였습니다

깊은 배려심과 깔끔한 매너
세심한 에티켓 까지도
황홀한 분위기에 끌려
마냥 행복을 느끼게 했던 사람

길을 걷다가 선 듯
급한 일을 보더라도
그 앞에 서서 기다려 주었고

젖은 손을 보면 그의 주머니 속
고이 접은 손수건을 꺼내어서
자상하게도 내 손을 닦아주던 사람

그러나 그와 난
이루어질 수 없는 사랑이었기에
헤어짐을 미리 예감이나 한 듯
만날 때 이별을 준비하고 있었던 사람

애정이 싹트는 만남 속에
헤어지는 아픔이 찾아오고
시간이 흘러 다음 사람을 만나거든

언제 어디서라도 손수건을 꺼내
젖은 손을 닦아줄 수 있는
꼭, 그런 사람을 만나길 바란다며

이토록 아끼며 사랑했던
사실만은 잊지 말아 달라고
어쩔 수 없는 운명 앞에
떠나간 그 한 사람

난 그 사람을 사랑합니다.

사진작가: 손정원

그 사랑 후회하면서

구월의 손님

어서 오세요 반갑습니다
올해도 잊지 않고 와 주시네요

푸른 산 너머 저 넓은 들녘 한가득
누렁 물살 하늘거리는 벼 이삭을 데리고
나불나불 오셨네요

구월이면
어김없이 찾아오는 당신은
풍요를 한 아름 안고 오시네요

옷자락에 묻어온 그리움과 외로움
그리고 빛바랜 추억 하나

모락모락 피어오르는 모닥불
잿빛 향기처럼 코끝에 앉아
외로움보다는 그리움으로
그대 곁에 머물고 싶은 나

구월의 손님
가을은 이렇게 내 곁으로 다가와
가슴으로 스며오네요.

사진작가: 손정원

가을이 오는 길목

그리움이 찾아오는
하늘 언덕에
탐스런 감처럼
노을이 익어간다

온종일 친구들과
신나게 놀다
졸음이 몰려와
쉬러 가는 것일까

빨갛게 노오랗게
물든 하늘에
아가 손 단풍잎이
손들어 인사하네.

사진작가: 손정원

그대 그리워

시월의 바람이 거리로 나와
'횡' 하니 불고 가 버리면
그대 그리워

마음은
뒹구는 낙엽이 되어
쓸쓸해진 거리를 배회합니다

가을빛 물든 햇살 아래

떡갈나무 숲속을 누벼 다니는
청설모와 친구 되어
시월의 연가도 불러 봅니다

이따금씩 그대가 너무 그립고
미칠 것 같이 조여 오는 보고픔에
눈물 삼키며 또 하루를 지워야만 합니다

비록, 대답 없는 그대지만
보이지 않는 그대이지만
우수수 떨어지는 낙엽 소리에

그대 발걸음 살며시 묻어올까 봐
숨소리 낮춰 거닐어 봅니다.

사진작가: 손정원

갈대숲

망설이다 서성이며
떠나간 그대

세월은 갈대숲에
머물러있다가
저만치 갔네

봄이면
세월은 오고
새순을 내고
갈대숲에 머물겠지.

사진작가: 손정원

길가에 핀 코스모스

귀한 손님이
오시기라도 하는 걸까
기다리던 임이라도
오시는 걸까

누가 오시는 길이기에
색동옷 곱게 차려입고
새 단장으로

간들간들 가늘진 허리
흔들며
손 맞잡고 나란히
마중 나와 서 있네

동네 어귀에도
큰 길가에도

새색시마냥 수줍듯
미소 가득 머금고
반갑게 다가오는
코스모스

참 예쁘고 사랑스럽다.

사진작가: 손정원

기다림

이루어질 수 없는
인연이기에
돌아설 수밖에 없는
사랑이기에

떠나야 하는
시간을 예감하면서
우린 만날 때
이미 이별을 위한
준비하였나 봅니다

먼 훗날
또 다른 인연이 찾아와
다정히 정을 나누고
사랑을 속삭이더라도

그대를 위한 배려에
따뜻한 웃음을 주고
진한 감동을 주며
행복한 사랑을 주었던 기억들
지우지 말라던 그

어쩔 수 없는 사연이
그를 데려가고

낯설은 발걸음이
내 곁에 다가와도
추억이 묻어있는 그곳

그대 보고파 기다려 봅니다.

사진작가: 손정원

가을은

가을이다
아 가을이다
붉게 물든 단풍잎이
스산한 바람에
외로이 떨어지는 가을

들녘엔
벼들이 익어 고개 숙이고
허수아비 품으로
참새 떼 날아드는 가을이다

감나무엔 감들이
홍조 띤 얼굴로
탐스러이 무르익고
그 잎은 춤을 추듯
살랑살랑 바람결에
하나둘씩 떨어진다

어디선가
세차게 불어오는
뿌연 찬바람 속으로
고개 떨구며 눈물짓는
추억의 그림자

그리다, 그리다
그리다가 만
그리움의 상처 되어
다시는 돌아오지 않을

머나먼
옛 추억의 한 페이지
낙엽 향기 속으로 묻혀간다

아~~! 가을은

괜스레
잠재우고 있는
고요한 나의 마음을
흔들어 놓고 가는

얄미운 사랑이어라.

사진작가: 손정원

억새 숲 사이로

이른 아침
서늘한 바람이
창가에 앉아 노크합니다

혼자이기 싫어서
찾아온 낯선 그림자

가을바람에 여무는
사랑인 줄 알았는데

그리움만 남겨놓고
자취를 감춰버린 너

가랑비 속에
젖어버린 낙엽처럼
애잔한 가슴에

또 어떤 사연 안겨 주려고
외로움만 훌쩍
던져 주고 갈

어설픈 가을은
또 그렇게
억새 숲 사이로 걸어옵니다.

사진작가: 손정원

연서

그대 기억하십니까

따뜻한 커피 한 잔
손에 들고
나뭇잎 떨어지는
창밖을 보다

쓴웃음 지으며
지난날 회상 속에
내가 있었다는 걸

기억하고 있습니까
그대

추억이란 무엇인지
이렇게 덩그러니
남겨진 시간이면

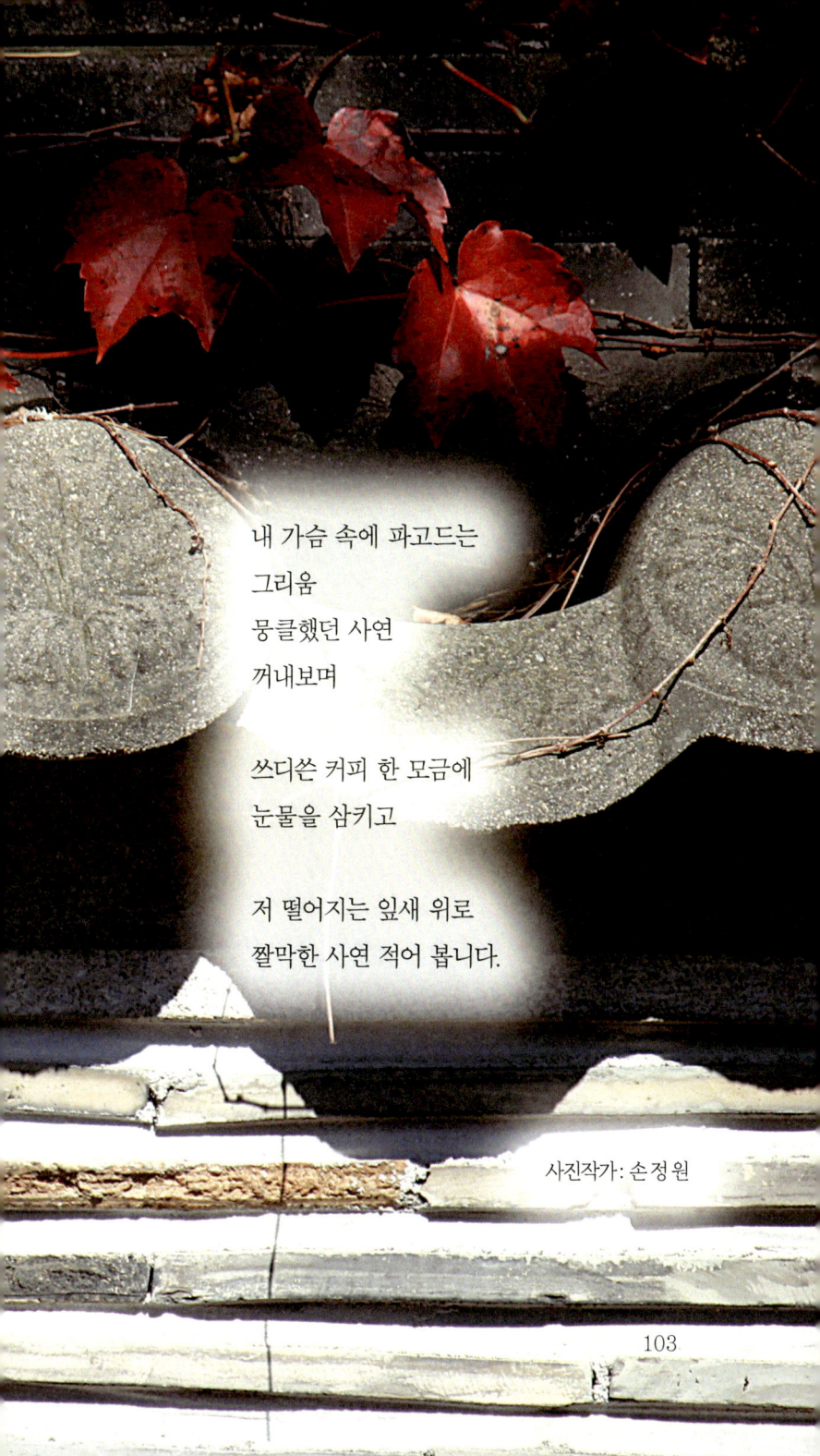

내 가슴 속에 파고드는
그리움
뭉클했던 사연
꺼내보며

쓰디쓴 커피 한 모금에
눈물을 삼키고

저 떨어지는 잎새 위로
짤막한 사연 적어 봅니다.

사진작가: 손정원

한여름 밤의 꿈

당신이 가고 없는 빈들
하늘에 떠다니는
구름이 되어 내게 오실까

함께 거닐던 길목 어귀를
서성거려도
그리운 당신 모습
보이지 않아

멍든 가슴은
눈물바다가 되었습니다

지난여름
소나기 퍼부어대던 날의 기억
당신과 추억의 밤을
그려낸 시간 속에

새끼손가락 걸며
맹세하던 사랑의 약속
바람결에 모두 흩어져
사라지고

그대와 함께 가꾸고 싶었던
아름다운 계절이 찾아와
내 곁에 머무르건만

한여름 밤의 꿈이었나!
고향 떠난 임의 모습
어디에도 보이지 않고

손잡고 걸었던 그 거리엔
임의 흔적들로 가득해

내 모습은 점점
여위어만 가고 있습니다

쓸쓸해지는 깊은 밤이
창가에 다가앉으면
귀뚜라미도 외로운지
슬피 울어댑니다.

사진작가: 손정원

사진작가: 손정원

단풍

눈부신 가을
햇살 받으며
사랑하는 사람들에게
기쁨과 행복을 주며
미소 짓고 있지만

남들은 알지 못하는 사연
고개 돌려 눈물짓는
짙은 가슴앓이

차가운 공기가
전신을 마비시킬 때면

황달을 앓아
노랗게 핏기가 없고
고열이 많아
빨갛게 붉어지는 것을

힘없이 쓰러져
넋 놓고 마는
단풍의 쓸쓸한 운명.

추억

영영 돌아오지 않을 것처럼
낯설게 떠나가 버린 세월아

살갗을 스칠까

무던히 움츠렸던 여운도
초라한 갈대숲 들녘에선
어쩌지 못하네

선뜻 비춰진 그리움

내치지 못하고
주워 담으려고 꼬집어 봐도
한켠에 드리워져

어슴푸레 나타나는
애달픔만이 나를 깨운다.

사진작가: 손정원

늦깎이 사랑

우리 괜찮을까
이제 와서 사랑해도 될까

젊은 날의 푸르름 모두
세월 뒤로 감춰버리고
익을 대로 익어버린
내 나이 상관없이

키 재기 하지말고
마음 가는 데로
발길 닿는 데로

정말 그래도 될까
망설이면 달아나 버릴까
지난날의 아픔들 모두
바람결에 실려 보내고

그렇게 가고 싶어라
무작정 걷고 싶어라
황혼이 물든 언덕길
우리 나이 상관없이

노을이 찾아드는 길
그리움이 다가오면
그대의 마음과
내 마음이 같다면

사랑해도 될까
사랑해도 괜찮을까.

사진작가: 손정원

그 사랑 후회하면서

그대의 짙은 향기는
아직도 코끝에
머물러 있습니다

거리거리마다 남기고 간
그대의 환한 미소도
나의 손을 잡고
어디를 가든 따라옵니다

씻어내어도 달아나지 않는
그대만의 독특한 향내는
진한 갈색추억 속에
살아 숨 쉬는데

어느 날 문득
가버린 그대여

이제는 영영 돌아올
기미조차 없나 봅니다

그를 잊기 위해
방황도 했으며

타인과의 술잔을
부딪쳐 보기도 했지만

그 자리엔 늘
당신의 로맨틱한
그림자만 서성입니다

가까이 있을 때
붙잡지 못한 그 사랑
후회하면서

강물처럼 흘려보낸
안타까운 사연들

다시 돌아와
내 곁에 머물 수만 있다면

아낌없이 주는
그대의 뜨거운 사랑
떠나보내지 않으렵니다.

사진작가: 손정원

아지트 일 호, 이 호, 삼 호

세월이 흐른 지금도
생각이 납니다

진한 감동을 주던
행복의 시간 속에
애정 가득한 대화로
눈빛 미소 주고받으며

만날 때마다
낭만이 머물러있는
아지트 일호, 이 호, 삼호...

지정석이 되어버린
카페에 추억을 낳고

손수건에 배어 있는 자기만의 향기
짙은 감동의 매너는
아마, 그 어디에도
찾을 수 없을 거라던

어쩔 수 없는 운명의 시간이
우릴 떼어놓아

또 다른 인연의 만남과
기나긴 끈을 이어가더라도
우리의 사랑, 나만의 향기는
잊지 말라는 던 그 한마디

보고 싶어서 기다려집니다.
아지트 일호, 이 호, 삼호
길을 걷다 문득 그 앞에 머뭅니다

그대가 있을 것만 같아서.

사진작가: 손정원

늪

한 발만 더
내디뎠다면
그곳에 빠질 뻔했다

만약
두 발 모두 내밀었다면
허위적 거리다
점점 깊이 빠져들 뻔했다

가려던 발걸음
멈추게 되어 다행이다

설렘만 주고 간 사람
아쉬움만 남기고 간
그리움

서풍은 들녘만
흔들고 지나갔다.

사진작가: 손정원

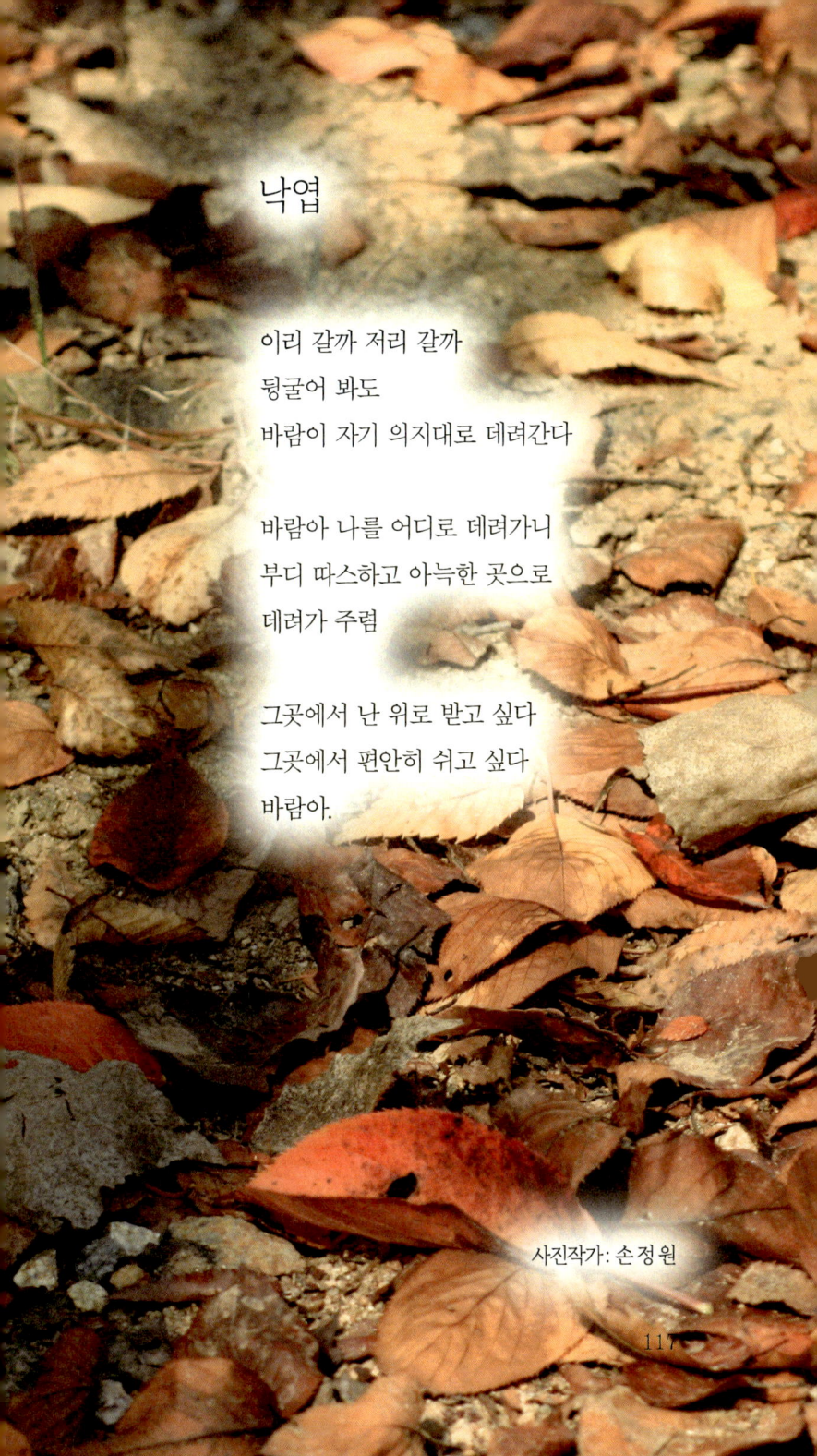

낙엽

이리 갈까 저리 갈까
뒹굴어 봐도
바람이 자기 의지대로 데려간다

바람아 나를 어디로 데려가니
부디 따스하고 아늑한 곳으로
데려가 주렴

그곳에서 난 위로 받고 싶다
그곳에서 편안히 쉬고 싶다
바람아.

사진작가: 손정원

짙어가는 가을날

따거운 햇살도
오색 빛 속으로 스며드는 바람
옷깃을 스칠 때면 가을의 향기는
더욱 짙어만 갑니다

가슴 설레는 푸른 하늘은
그리움의 언덕을 달려가고
닿을 수 없는 거리에 선 노을이
보고픈 임의 얼굴로 얼룩집니다

차갑게 불어오는 바람에
홀로 남겨질까 봐
두려움에 떨고 있는

한 송이 들국화의 순정
그 향기 바람에 나부끼며

그대 향해 조금씩 조금씩
갈 숲으로 걸어갑니다.

사진작가: 손정원

아쉬움의 시간

구름 나그네

마음 둘 곳 없어
정처 없이 떠도는
영혼이여

머나먼 타향의 길
얼마 동안 헤매며
이리저리 방황하였던가

발걸음이 잠시 머무르는 곳
외딴 주막집에 이르니

꿈인가 생시인가 바라던
이상형이 버선발로 나와
반갑게 맞아주었네

봇짐 풀어 마른 목 적시니
달콤한 물맛이
사랑의 꿀맛이어라

상냥한 미소로 지친 몸 안아주고
허기진 육신 욕망으로 채우며
함께 나눈 사랑, 꿈이었었나

새벽닭 울기 전
기척 없이 떠나는 방랑자

정녕, 한곳에 머물 수 없는
구름 나그네인가.

사진작가: 손정원

사랑인 줄 몰랐습니다

차갑게 식어버린
나의 마음을 녹여 주듯
당신의 따스한 미소가
날 감싸 안을 때

처음엔 그냥
그 느낌만으로 좋았습니다

서서히 다가오는
그대의 향기가
차마 사랑으로 노크할 줄은
전혀 알지 못했습니다

차츰 전화 목소리가
기다려지고
당신 모습이 그립고 보고파

혼자 있는 시간 속 외로움이
몸서리치게 싫어질 때

한 올 한 올
눈물방울 구슬로 꿰어
환한 달빛에 걸어두었다가

이슬 머금고 다가선 그대에게
주고 싶은 사랑인가 봅니다.

사진작가: 손정원

사진작가: 손정원

로맨틱한 날

당신을 기다립니다

오시는 길에 불을
밝혀 두고 싶습니다

그대를 기다립니다

그대가 그립습니다

와인을 준비하고
잔잔한 음악을
준비하고

당신을 기다립니다

눈을 감아도
눈을 떠도

당신은 내게 머뭅니다.

겨울에 내린 눈

저 들판에 하나 가득
쌓인 눈 기다림에
보고픔 맘 그리움 맘도
저 눈처럼 쌓여만 가는데

객지 떠난 우리임은
밤 깊어도 돌아올 줄 모르고
뜬눈으로 지새운 가로등이

찬 서리 맞으며
담벼락에 기대어 서 있다
눈부신 아침이 데려온
따스한 바람
날갯짓하며 다가선 봄볕에
사르르 녹아내리면

눈물은 봄비 되어 내 마음도 촉촉히 적시고

또 다른 햇살은
언 땅 위로
희망의 새순을 가져온다.

사진작가: 손정원

아쉬움의 시간

기어이 가야만 하는
당신이기에
다시 돌릴 수 없는
발걸음이기에

못다 한 이야기
아직도 들려주고픈 노랫소리
여운만 남기고

끝도 맺지 못한 채
당신은 떠나십니까

창밖에 가을비는 내리고
어두워진 하늘

요란한 천둥소리에 묻혀
흐느끼는 마음
그칠 줄 모르고
밤이 새도록 울어댑니다

점점 쌓여만 가는
당신 향한 그리움은

까만 밤을 하얗게
지새우고
활활 타오르다 만
재가 되어
바람결에 흩어져 버립니다

계절이 바뀌면
떠나야 할
시간이 오고 있는 것을.

사진작가: 손정원

아프기 전에

먹어선 안 된다는 것은
먹지 말지
하여선 안 된다는 것도
하지 말 것을

위험 신호가 울리고
조심하라 할 때
양보하는 마음으로
한 걸음만 물러서면

자리도 지키고
몸도 보존할 텐데
인간이고 사람인지라
하지 말라는 경고엔

무시가 따르고 오기만 늘어

결국엔 간과 위
폐와 대장까지도 파멸시키고

눈과 귀도 닫히게 되며
팔과 다리도 저리는
통풍이 찾아와
후회 속에 생명을 갈망한다

아프기 전에, 쓰러지기 전에
경고음을 다시 한번 상기하며
규칙을 잘 따랐더라면

천년만년 호희 호사를
누렸을 것을

왜 그땐
깨닫지 못했을까.

사진작가: 손정원

여인의 눈물

한 여자가 울고 있네요.
당신은 저 여인의 눈물을
보고 있나요

가슴이 아파 피멍이 들어도
그 누구 하나
아픈 상처 보듬고
치료해 주는 이 없는
가엾은 저 여자

허허벌판 빈 뜰에 홀로 앉아
크게 한번 소리 내지 못하고
한없이 눈물만 흘리고 있는 저 여인

한때는 아름다운 날 꿈꾸며
행복의 미소 입가에 지었을 텐데
기대에 부푼 설렘으로
하루를 보냈을 텐데

눈을 떠 바라보니
깨어진 유리 조각에
상처만 깊게 입어
아물지 않는 피고름에
눈물 흘리는 저 여인

당신의 따뜻한 가슴이
저 여인의 눈물을
닦아 줄 수 있는데
당신은 보고 있나요

그날이 그립습니다.

사진작가: 손정원

이별이란 슬프지만

만나지도 말아요
전화도 하지 말아요
길에서 지나쳤을 땐
눈인사만 해줘요

우리 이제 끝이 났어요
서로가 잊어야 해요
그리워 보고 싶어도
만나면 안 돼요

우린 아직 어리니까
사랑이 뭔지 잘 모르니까

호기심 많은 계절 속에
성숙함이 젖어버리면
먼 훗날 사랑이 다가와
책망할지도 몰라

순수했던 너와 나이지만
보는 이들은 오해를 가져와

이별이란 슬프지만 이젠
다시 만나면 안 돼요.

사진작가: 손정원

용서

어머니 같았고 아버지 같았던
어질고 영특하셨던 성품
인자하고 자상하셨던 인품
흠잡을 때라곤 어디에도 없었던
지혜롭고 현명했던 그 길을
걸어오신 임이건만

못다 하신 어머니의 꿈
못다 이룬 아버지의 뜻
가슴속 한이 되어
이루려 했었을 겁니다

의지하며 믿고 따랐던 친구
혼자 걷는 외길을 동행한 벗이
벗어날 수 없는 수렁 속으로
진흙탕을 밟게 할 줄 몰랐을 겁니다

세상은 핀잔투성이로 책망하고
잘살아 보려 한 임의 뜻은
어디에도 없고

모두가 실망의 눈초리로 채찍질하며
왈가왈부 물어뜯기일 수

여차해서 이미 여기까지 왔지만
지금 중도 하차하면 담은 누가
해도 더 할 것은 뻔한 것일 텐데

나라가 우선이니 말들 그만 늘어놓고
참회 눈물로 용서를 구하시니 인품을 믿고
얼마 남지 않은 임기 동안만이라도
다시금 보듬어 주었으면 합니다.

사진작가: 손정원

황혼

그날 밤 뜨거웠던 열기
비바람에 휩쓸려
싸늘히 식어버렸나

그날 밤 달콤했던 사랑
꿈처럼 사라져
이제는 녹아버렸나

떠나야만 하는 그대 뒷모습
외로이 바라보는 이 마음
초라한 내 모습이
점점 야위어만 갑니다

가는 발길 멈출 수 없는
그대 생각에
두 눈엔 자꾸 눈물만 맺히는데

아- 다시 올 수 없는 그날
아- 다가설 수 없는 사랑
지나간 바람이었나

쓸쓸히 남겨진 그 길엔
낙엽들만 쌓이고
황혼이 짙어가면
미련이 다가와 서성입니다.

사진작가: 손정원

마지막 하루

마지막 한 알을 남겨놓고
고심에 빠졌다

열두 달 동안
많은 시시비비로
하루 한 알씩
거르지 않는 달을 먹고
지내는 동안

그곳엔
새로이 피어나는
이쁜 꽃봉오리도 있었고

얄미운 오리 새끼도
더운 저수지에 노닐고 있었고
비에 젖어 우는 낙조도 있었다

지나간 추억들이
어렴풋이 스치듯 지나가고
어느덧 한 알밖에 남지 않았다

무엇인가를 꼭 해야만 되는
하루
내일이면 사라져버릴
하루가

초조함과 긴장감이
교차하는 시간이다.

사진작가: 손정원

참회

가슴이 아픕니다
목이 메어 옵니다

하늘이 무너져 내리고
앞이 보이질 않아
마음 둘 곳 하나 없음이
최악의 운명이었나 봅니다

조심조심 걸어온 산등성이길
넘어질세라 손잡아 주는 이 없이
한길만 고집하며 묵묵히 걸어온 길

사회 눈뜨기도 전에
어머님 잃으시고
아버지마저 비명에 세상을 등지실 때

사랑했던 이들에게 해가 될까봐
행여 누를 끼칠까
형제자매도 외면한 채
고독만 벗 삼아 홀로 보낸 세월

외로움 고독함 달랠 길 없어
믿고 따른 친구의 달콤한

혀 놀림이 독약이 될 줄
몰랐을 겁니다

그녀의 눈을 보십시오
진정으로 용서를 구하는

그녀의 얼굴을 보십시오
진실로 사죄하는
침울하고 낙심한 그녀의 모습

저 선한 얼굴과 왜소한 모습에서
참아 나를 저버리는 일들은
하지 않았으리라 믿어집니다.

연약한 마음
가여운 그 마음을 파고들어

위로하는 척 이용하고
뒤로는 사기 치고
뼈를 갉아 먹은

순실이가 나쁜 인연이지요. 사진작가: 손정원

사진작가: 손정원

십이월이 갔다

나에게 주어졌던 십이월이 갔다
아니,
한 해가 영원 속으로 돌아갔다

지난 사계절의 큰 날개를 접고
쌓여진 애환의 보따리를 모두 데리고
머나먼 길을 떠나가 버렸다

새로이 불어온 바람
나에게 당도하고
새천년이 밀어내는 힘 감당키 어려워

나이 한 살 남겨두고
그냥 그렇게 떠나가 버렸다

또 다른 십이월은 우리에게
또 어떤 흔적을 남겨줄까.

함정

어슬렁거리며 미끼를 던진다
원하는 걸 얻지 못하면
주변을 빙빙 돌다 함정을 파놓는다
그리고 시간을 두고 입질을 한다

걸렸다 싶으면 냅다 물어뜯고
갈기갈기 찢어 생채기를 낸 뒤
구덩이 속으로 내동댕이치듯
자빠뜨리고는 태연한 척

타인의 마음을 속이는 것이
마냥 즐거운 듯
오늘도 거하게 한잔 중

저러다 자기가 파 놓은 웅덩이
덫에 걸리고 말 것이다.

사진작가: 손정원

해피콜

오늘도 대답 없는 그대에게
고백하러 갑니다

이른 아침 출근길
지친 내 모습 감추인 채

아무 일 없다는 듯
아주 밝고 상냥하게
친절을 다한 목소리로
그대에게 노크합니다

안녕하세요 고객님?
.
.
.
오늘도 좋은 하루 되세요.

사진작가: 손정원

사진작가: 손정원

웃자

그대여
무엇 때문에
고민하고 망설이는가

그냥 웃자

훌훌 털어버리고
마음 비우고 살자

세상살이
다 거기서 거기 아닌가

한바탕 크게 웃고 나면
속이 후련하듯이

힘들 땐 소리 내어
웃어 보자.

송년

세찬 바람은 연신 창문을 두드리며
마지막 인사라도 하려는 듯
문밖에 서서 작별을 고합니다

희로애락을 동행한 시간아
찾아와 줘서 고맙고
익숙함이 무르익어 갈 즈음에
떠나려 해서 서운한

아직 준비되지 않는
이별 앞에 아쉬움의 여운은
교차로에서 버벅거리다 배회하고

마지막 잎새마저 떨어지고
별빛 쏟아지는 밤이 깊어 가면
다시 오지 못할 길

떠나야만 하는 그대 위해
추억의 잔을 들고
건배, 건배, 건배

내일이 오면
그대가 그리울 겁니다.

사진작가: 손정원

잡을 수 없는 너

정녕 이대로
가야만 하는 널

가지 말라고
매달리고 싶지만
나에겐
그런 용기가 없나 봅니다

돌아서는
그의 뒷모습만
물끄러미 바라보며

"잘 가"라고 손 흔들며
보내는 이별의 아쉬움

언제 다시
만날 수 있으런지

아련한 그리움이
파도처럼 밀려오면
애틋한 이 마음

사랑 하나 봅니다.

사진작가: 손정원

사랑이란

내 맘 알아주지 그랬어

그러게 잘해줄 때
내 맘 알아주지 그랬어
정성을 다해 치유해 줄 때
내 맘 들여다봐 주지 그랬어

많은 세월이 흘렀어
서운한 감정들이 몰려와
나도 이제 지쳤나봐

체념하고 나니까 가볍기보다는
억울하고 분한, 무거운 마음이 앞서
가슴을 짓누르네

가망이 없고
희망의 기대마저
무너져 버리니까 자신을 보게 되네

지푸라기라도 잡으면 한 가닥
숨이라도 쉬어지려나

허탈한 내 모습
너덜너덜 찢겨버린 마음
아직 나는 젊은데

돌이킬 수 없는
순간들이 찾아오면
어찌하려고

돌이킬 수 없는
시간이 다가오면
어이 하려고

그러게 잘해줄 때
내 맘 알아주지 그랬어.

사진작가: 손정원

꿈속으로만

매일 밤
나는 꿈을 꿉니다
당신과 함께 보낸 날들
곁에 없는 당신 향한
그리움은

어두운 밤
덩그러니 혼자 있는
쓸쓸함이 찾아오면
더욱 간절합니다

따스했던
당신의 손길
귀에 익은 부드러운 음성

달콤한 첫 키스의
짜릿함까지도
꿈을 꾸듯
느껴지는 사랑

그러나
당신은 너무 멀리 있습니다

그토록 보고 싶은
이 마음
당신은 아시는지
모르시는지

매일 밤
꿈속으로만
나에게 다가옵니다.

사진작가: 손정원

마네킹 여인

쇼윈도에 서 있는 여인
화려한 옷을 입고
곱게 화장하고
우아한 자태로
미소 짓고 있는 여인
그러나 말이 없다

누군가 다가와서
칭찬을 하여도
듣기 싫은 소리로
큰소리쳐도
못난이라고 흉을 보아도
못 들은 척, 안 들은 척 귀를 막고
창밖만 바라보고 있다

속으로 끓어오르는
감정이 있을 텐데
표현하고픈 말이
복받쳐 오를 텐데
벙어리로, 귀머거리로
남의 시선만 끌라 한다

옹이 진 가슴
쓰레기 더미에 쌓아두고
아내의 자리, 엄마의 자리,
며느리의 자리
변하지 않을 길 살피며
환하게 웃고 있는
마네킹 여인

쇼윈도에 서 있는
여인같이 살라 한다.

사진작가: 손정원

사진작가: 손정원

균菌

몸이 아프다
보이지 않는 무엇인가가
내 몸속에서 꿈틀거리며
남의 생을 빼앗고

제 삶을 찾으려 발버둥을 친다

내가 살기 위해선 넌 죽어야 하고
네가 살기 위해선 난 죽어야 하니
너와 내가 함께 살 수는 없는 현실

누군가는 죽고 누군가는 살아야 하는.

다친다

만만히 보지 마라
힘없다고 무시하지 마라
빽 없다고 업신여기지도 마라

깔고 뭉개려는
너의 방자한 행동들은
언젠가는 큰코다친다.

사진작가: 손정원

두루마리 화장지

육신 한 마디 마디가 찢어진다
뜯겨 나갈 때마다 나는
행복을 나누어준다

더럽혀진 구석을 위해
봉사하며 닦아준다

어제도, 오늘도, 또 내일도
헌신하고 봉사하며 그렇게 산다

이것이 나의 일이다
내 생명 다할 때까지.

사진작가: 손정원

사진작가: 손정원

빙글빙글

방 안에 가만히 있으면
시간이 흘러가는지
세월이 흘러가는지
느낌이 없지만

집을 나와
지하철에 몸을 실으면

한 시간을
꼼짝이지 않고 있었지만
지하철은 종착역을 오갔다

이렇게 쉼 없이
시간은 흐르고
차바퀴도 돌고
우주에 뜬
지구도 돈다

오늘도 돌아가고
내일도 돌아갈 것이다

나도 지구에
편승하여 돌아간다.

돈 돈 돈

인생은 한방이야
돈을 쫓는 사람들
속이고 속는 세상 아니더냐

사랑도 돈 돈 돈
인생도 돈 돈 돈
돈 없으면 못 사는 세상

가진 건 건강한 몸 하나뿐인데
열심히 피땀 흘리면 돈이 찾아올 텐데
뭣하러 남을 속이며 돈을 갈취하느냐

돈 쫓아 가지마라
돈을 쫓아 가지마라
돈 쫓아 가면 돈이 도망간다

잘난 것 하나 없는 우리네 인생사
모두가 거기서 거기 아니더냐
사랑도 해봤고 절망도 해봤고
술 한 잔에 기대도 봤다

어차피 빈손으로 떠나갈 것인데
뭣 하러 욕심부리며 죄를 쌓느냐
뭣 하러 돈에 휘둘리며 살아가느냐

돈 쫓아 가지마라
돈을 쫓아 가지마라
돈 쫓아 가면 돈이 도망간다
돈이 제 발로 걸어오게 해라.

사진작가: 손정원

사랑이란

사랑이 시작되면
아픔도 시작됩니다
심장이 뛰기 시작한 날부터
가슴은 저려옵니다

둘만의 사랑으로
세상을 다 얻은 듯
행복합니다

콩깎지가 씌어도 둘은
전혀 알지 못합니다

강이 있어도 보이지 않고
늪이 있어도 보이지 않아
귀가 먹고 눈이 멀어지는
요술램프를 나눠 가졌기에

오직 한 사람만 보이며
사랑 하나면
다 믿고 따라 합니다
서로에게 최선을 다해
잘 보이기만 기대합니다

그러나
점점 깊어질수록
시기와 질투는 가만
내버려 두질 않습니다

때론 찌르고
피멍도 들게 하고
찢어지는 고통으로 다가와
사랑을 분해하며

다시는 볼 수 없는 곳으로
빼앗아 가
버리기도 합니다

견디기 힘든 시간 속에서
버티기 힘든 나날 속에서

잘 극복하며
이겨낸 사랑이야말로
진실한 사랑이라
할 수 있을 것입니다.

사진작가: 손정원

예고 없는 이별

무엇이 급해
그렇게 가셨나요

못다 한 이야기
아직도 많이 남아있는데
하려 다만 이야기
곳곳에 숨어 있는데

어찌하여 무거운 짐조차
풀어내지 못하고 먼 길을
혼자 쓸쓸히 가셨나이까

어제의 환한 미소가
손가락 사이로
새어드는 햇살만큼
입가에 번지는데

폼 나게 취한 포즈
참 멋지다 했는데
이제는 하나의 그림이 되어

가슴속에 간직한
빛바랜 사진첩으로
숨어버렸습니다

예고 없는 이별
준비 없는 이별로

그는 우리 곁을
지켜 주지 못한 채
떠나갔습니다.

사진작가: 손정원

어른아이

어른이지만 어른답지 못하고
아이 같지만 아이답지 못하네

듣기 싫은 말 한마디에 토라지고
듣고 싶은 말 한마디에 생긋 웃는
철없는 어른아이

때론 쓴소리도 들어가며
비바람도 피할 줄 알아야 하건만

스스로 판단 능력이 없어
팔랑귀에 결단력은
유학을 보내버리고

강가에 내다 놓은
어린아이처럼

안되는 걸 알면서 떼쓰는
가슴 졸이는 애달픈 인생

어른이지만 어른이 아닌
철부지 아이가 숨어있다.

사진작가: 손정원

세월

곱던 내 모습은
어디로 갔을까
나이테 같은 주름들이
동안을 가렸네

서러워해도 소용없네
억울해해도 소용없네
세월은 흐르고 나는 함께 가는 것을

붙잡고 싶어 한들 소용없네
잡히지 않는 것이 세월인데
나조차 식상하게 변해 버린
주름진 세월

아_____

사진작가: 손정원

사진작가: 손정원

술주정

내뱉어진 말 한마디에
가시가 있다
찌르고 찌르고
또 찌르고

곪아 터져 피가 나는데도
모르는 척
외면하고 다시금 뱉어내는
가시들

상냥하고 부드러운
말이라면
깊게 패인 그 상처
치유되고 아물어질 텐데

귀신이 씌인 걸까?

오늘도 밖으로
기어 나오는
세 치 혀에 선
가시들이
마구마구 쏟아져 나온다.

역사는

역사는 보고 있다

역사는 알고 있다

역사는 말하고 있다

제발!!!

"잘" 하라고

사진작가: 손정원

작곡

널브러져 있는
음표들을 주워
빨랫줄에 걸었다

하나는 둘째 줄
하나는 위 칸
또 다른 음표들을 각각
아랫줄 위 줄에 맞추어 널었다

음표에 점도 그려놓고
꼬리도 달아주고
네 개의 방을 만들어
이름표를 붙였다

그리고
모자도 근사하게
씌어주었다

실바람이 불어와
한음을 두드린다
아름다운 소리다

모두 일어나
제각각의
음들을 자랑한다

서로가 화합하여
화음의 고운 음색으로 내는
피아노 선율들은
나래를 펴고 들녘을 서성인다.

통증

그리움이 쌓이면
정이라지만
미움이 쌓이면
무엇이 될까

지겹도록 제 자리를
버티고 앉아
이목 조목 따져가며
내 뿜는 한탄 소리

행복했던 순간들은
어디로 도망가 버리고
눈물 서린
하루하루를 보내고 있다

통증의 고난은
언제쯤 끝이 날는지
새날이 밝아 와도
기동조차 없다

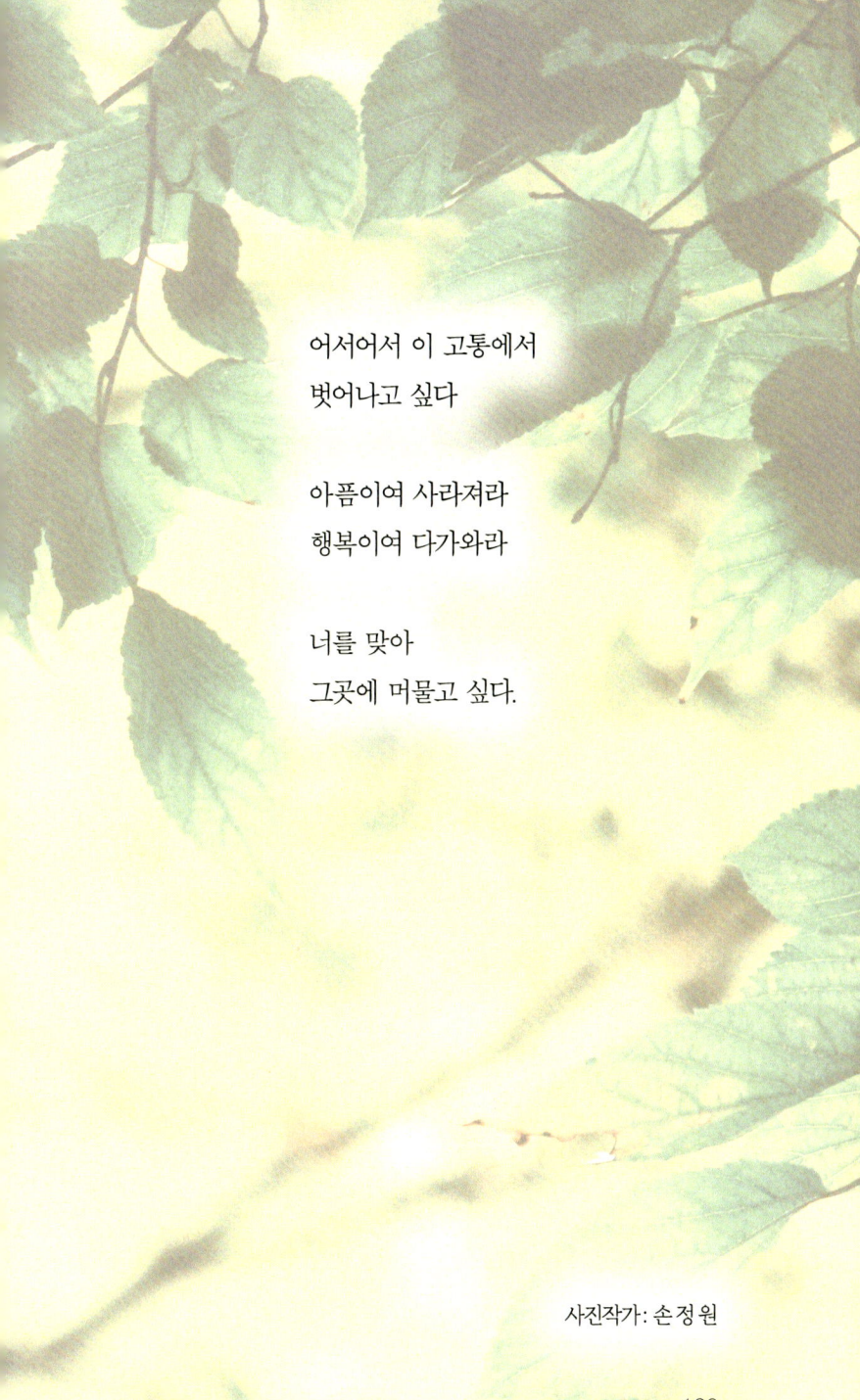

어서어서 이 고통에서
벗어나고 싶다

아픔이여 사라져라
행복이여 다가와라

너를 맞아
그곳에 머물고 싶다.

사진작가: 손정원

인생은 나그네

갈 곳을 잃어버린
마음이 길을 나선다

이리 갈까 저리 가 볼까
눈앞에 보이는 화려한 불빛들

시름에 놓인 나의 시선을 이끈다

친절한 미소가 트레이드인
배려와 매너가 넘치는 한 사람

목마른 나에게 건네준
물맛이 꿀맛처럼 달았다.

허나,
인생은 나그네인 것을

나그네가 된 나를 따라온
고독과 동행하며 타향을 떠난다.

사진작가: 손정원

얄미운 사람

미안함을 알면서도
미안해하지 않고
고마움을 알면서도
고마워하지 않는 사람

자꾸만 잘못을 저지르고
속만 태우며
원하는 건 다 갖고 싶어
하는 사람

그러고도
뜻대로 되지 않으면
"다 너 때문이야."하며
화를 내는 사람

얄밉다 억울하다
한 대 때려주고 싶다.

사진작가: 손정원